CATALOGUE

DE LA

COLLECTION FRANCO-RUSSE

SOUVENIRS DES FÉTES

1893 — 1896 — 1897

L'UNION FAIT LA FORCE

FRANCE   RUSSIE

OFFERTE PAR

M. PHILIPPE DESCHAMPS

AU MUSÉE DE LA VILLE DE REIMS

1898

11, RUE DEMOURS, PARIS

CATALOGUE

DE LA

COLLECTION FRANCO-RUSSE

OFFERTE PAR M. PHILIPPE DESCHAMPS
Membre du Musée Impérial historique de Moscou.

AU MUSÉE DE LA VILLE DE REIMS

1898

DOCUMENTS OFFICIELS

—o—

1. Affiche. Ville de Granville.

2. — Fête de l'Alliance. Paris, X^e arrondissement.

3. Dépêche. Maire de Rive-de-Gier au Tzar.

4. — Ambassade de Russie au Maire de Rive-de-Gier.

5. — Association des Ambulanciers de France à la Croix-Rouge de Saint-Pétersbourg.

6. Proclamation du Couronnement du Tsar Nicolas II à Moscou, 27 mai 1896.

OUVRAGES PUBLIÉS PAR M. PHILIPPE DESCHAMPS

—o—

7. Livre d'Or de l'Alliance Franco-Russe. Préface de M. A. Mézières de l'Académie française, orné de 25 gravures inédites, dédié à *Sa Majesté le Tsar Nicolas II et à M. Félix Faure, Président de la République.*

8. De Saint-Pétersbourg à Constantinople.
9. A travers les États-Unis et le Canada.
10. Le Touriste en Égypte et en Syrie.
11. De Paris au Soleil de Minuit.
11 *bis*. Notice sur les industries créées en France par P. Deschamps.

❧

VOLUMES, OPUSCULES, FASCICULES
ET BROCHURES

—o—

12. Poésie de J.-M. Rollin, savetier, poète patriote boulonnais, à P. Deschamps.
13. Opuscule à LL. MM. l'Empereur et l'Impératrice de Russie par P. Deschamps.
14. Nomenclature de la Collection Franco-Russe, réunie par P. Deschamps.
15. Catalogue de la Collection Franco-Russe, offerte par P. Deschamps au Musée Impérial historique de Moscou.
16. Supplément au Catalogue de Moscou.
17. Bratina : Les toasts des deux Chefs d'État.
18. Satin blanc avec impression des toasts de l'Alliance.
19. Le Président en Russie.
20. Moscou et les Moscovites.
21. Tsar et Revanche.
22. L'Entente franco-russe.
23. Le Palais de l'Élysée.
24. Les Fêtes de l'Alliance.
25. Les Grands procès.
26. Les Fêtes de la cloche « Alexandre-Nicolas » à Châtellerault.
27 à 31. 5 numéros, Le Tsar en France.
32. La Cuisine franco-russe, par M. de Saint-Arroman.
33. Allocution patriotique de M. Le Senne au Concert russe.

33 *bis*. Les cinq Journées russes.

33 *ter*. Volume broché : La Marche du Sacre, édition de luxe par A. Magnier, éditeur à Paris.

ŒUVRES DU GRAVEUR HENRI TOUSSAINT

34. Gravure à l'eau forte : Le Cortège Impérial dans les Champs-Elysées le 6 octobre 1896.

35. Le Baiser de l'Alliance, destiné au « Livre d'Or de l'Alliance Franco-Russe ».

36. Les funérailles du Président Carnot au Panthéon.

36 *bis*. L'Escalier d'honneur à l'Hôtel de Ville de Paris le 7 octobre 1896.

PHOTOGRAVURES ORNANT LE LIVRE D'OR DE L'ALLIANCE FRANCO-RUSSE

36 *ter*. Le Président Sadi-Carnot.

37. Le Baiser de l'Alliance.

38. L'Empereur Alexandre III et l'Impératrice Maria-Féodorovna.

39. Le Sacre du Tzar Alexandre à Moscou, 27 mai 1883.

40. Les Marins russes à Toulon.

41. Le Président Casimir Périer.

42. Apothéose du Tzar Alexandre et du Président Carnot.

43. Le Menu impérial du Couronnement.

44. Le Couronnement du Tzar Nicolas II.

45. L'arrivée à Cherbourg des Souverains Russes.

46. Menu de Cherbourg.

47. La Statue de Strasbourg le 6 octobre 1896.

48. Le Menu de l'Élysée.

48 *bis*. Le Couple Impérial.

49. Le Tzar Nicolas au Tombeau de Napoléon Ier.

50. Les Champs-Élysées, 6 octobre 1896.

51. Le Président Félix Faure.

52. Menu du Camp de Krasnoë-Selo.

53. Les deux Chefs d'État sur l' « Alexandria ».

54. La Proclamation du Couronnement.

55. La France recevant la Russie.

56. Médailles et plaquettes offertes au Tzar, par Buirette.

57. L'Arbre généalogique de la Famille Impériale de Russie, d'après le tableau de M. Auger, joaillier.

MUSIQUE POUR PIANO

58. Tzar-Champagne.

59. Les Pioupious du Havre.

60. Marche solennelle franco-russe.

61. Félix Faure, marche militaire.

62. L'Alliance.

63. Chant impérial russe.

64. Hymne national russe.

65. A la Russie.

65 *bis*. Chanson russe.

CHANSONS PATRIOTIQUES

66. Salut au Tzar.

67. Hommage au Tzar.

68. A nos frères en deuil, la mort du Tzar.

69. L'Alliance en deuil.
70. Cronstadt et Toulon.
71. Hymne de Cronstadt.
72. Cronstadt.
73. L'Escadre russe.
74. La Russie à Carnot.
75. Ypa pour le Tzar.
76. Vive la Russie.
77. Hymne franco-russe.
78. La Tzarine, valse.
79. Marche russe.
80. Vive le Tzar ! Vive la Tzarine !
81. La polka moscovite.
82. La France à la Russie !
83. Honneur au Tzar.
84. Lettre d'un petit Français à S. M. le Tzar.
85. Nitchevo !
86. La France au Tzar.
87. France et Russie.
88. Salut au Tzar.
89. Marche du Tzar.
90. Je bois à la Russie.
91. Chantons la gloire de la Russie.
92. Bienvenue au Tzar.
93. Salut, Tzar de Russie.
94. Saluons le Tzar.
95. A la Russie tendons les bras.
96. Ne touchez pas à la France.
97. Vive la Russie ! chœur scolaire.
98. La Russienne.
99. A Son Altesse le grand-duc Alexis.
100. Salut au Tsar.
101. Je bois à la Russie.
102. Nitchevo ! chansonnette franco-russe.

103. La Russomanie.
104. Russie et France.
105. France et Russie.
106. Pour bien voir le Tsar.
107. Feliskoff.
108. Le plus fort de France.
109. Le premier tanneur de France.
110. Les Pioupous du Havre.
111. La Marche des tanneurs.
112. Félix Faure en Russie.
113. Pour bien voir Feliskoff.
114. L'Hymne de l'Alliance.
115. Le Chant de l'Alliance.
116. La Triple gueule de la Triplice.
117. Français et Russes.
118. Francillonnette et Nicolas.

MOUCHOIRS FRANCO-RUSSES

—o—

119. Mouchoirs en soie tricolore.
120.   —   —   aigle impérial.
121.   —   en calicot imprimé rouge, Tzar et Tzarine.
122.   —   —   bleu,   —
123. Foulard en percale, Cronstadt 1891.
124.   —   —   Toulon 1893.
125.   —   Souvenir du voyage en France des Souverains
              Russes.

IMPRIMÉS, CHROMOS ET VIGNETTES

—o—

126. Affiche de la musique du Régiment de Preobrajensky.

127. — — petit format.

128. — Concert franco-russe salle Wagram.

129. Image grand concert européen.

130. — Visite du Président à l'hôpital français en Russie.

131. — 4 cahiers d'écoliers, Couronnement du Tsar, de Marcel Vragné à Pont-à-Mousson.

132. — Les Souverains Russes et le Président Félix Faure.

133. — Unis par la pensée.

134. Chromo : Confraternité d'Armes.

135. — Question du jour.

136. — Transparent, le Tsar en général.

137. — Souvenir de la visite du 6 octobre.

138. — Cadre en carton doré. Les Souverains.

139. — — — blanc. Le Tzar.

140. — — Portrait du Tzar.

141. — La Poignée de mains de l'Alliance.

142. — L'Alliance.

143. — Médaillon Le Tsar.

144. Soufflet. Le Panorama des Champs-Élysées.

145. L'Automobile, voyage des Souverains Russes.

146. Étui Suchard. Le Tsar.

147. — M. Félix Faure.

148. Le spectre de Carnot.

149. L'équilibre européen.

150. Carte Alexandre III.

151. Jeu de cartes : le piquet de l'Alliance.

152. Carte-portraits. Les toasts de l'Alliance.

152 *bis.* — — de Châlons.

153. — Bibliographie des Souverains.

154. Carte-portraits. France et Russie.

155. Feuille, le Testament de Bismark.

156.   —   Les Funérailles de la Triplice.

157.   —   La France recevant le Tsar et la Tsarine.

158.   —   Le mariage de la République et de l'ours blanc.

159. Carte. Cherchez : la France embrassant la Russie.

160. Vignette à biscuits franco-russe.

161.   —   à savon de l'Alliance.

162.   —   Onguent franco-russe.

163.   —   Thé russe.

164.   —   Huile russe.

165.   —   L'Alliance.

166. Champagne : Le Pothuau, château de Dizy.

167.   —   Olga-Champagne. A. Auloy, fils.

168.   —   Tzarina —   A. Auloy, fils.

169. Le Tsar. apéritif russe.

170. Le Franco-Russe, brillant.

171. Amer du Tsar.

172. Rüss aperitif.

173. Liqueur de l'Alliance.

174. Curaçao russe.

175. Menthe —

176. Curaçao aigle russe.

177. Pâtés franco-russes.

178. Fromage de l'Alliance franco-russe.

179. Chocolat Félix Faure (en russe).

180. Limonade franco-russe de Claude Gorce.

181. Chromo triptyque avec les portraits des Fondateurs de l'Alliance.

182. Album. Le voyage du Président en Russie.

183. Affiche à jouet franco-russe : la Duplice contre la Triplice.

184. Chromo : France et Russie. Hommage au Tsar.

CALENDRIERS FRANCO-RUSSES

— o —

185. A la jeune France.

186. Almanach franco-russe.

187. Calendrier éphéméride, l'Alliance.

188. — la Famille Impériale de Russie.

189. — franco-russe de 1898.

190. — éphéméride, petits matelots russes.

IMAGERIE PELLERIN ET Cie A ÉPINAL

— o —

191. Numéros de Conscrit, supplique de l'Asace-Lorraine.

192. — Ne m'oubliez pas.

193. — République Française, Russie-France.

194. — Aigle impérial, Races unies.

195. — La Paix par l'union.

196. — Vive la Russie !

197. — Le Baiser fraternel.

198. — Image ancienne.

199. Le Baiser de l'Alliance, image coloriée, reproduite par la Maison Pellerin et Cie d'Epinal, d'après l'original appartenant à M. P. Deschamps.

200. L'Alliance des Cœurs, image en noir, d'après l'original de la collection P. Deschamps, reproduction faite par la Maison Pellerin et Cie d'Epinal.

PHOTOGRAPHIES

—o—

201. Surtout d'argent offert au Tsar à l'occasion de son Couronnement.

202 à 211. Photographie, reproduction d'une partie des feuillets de l'album par les Dames russes à Mme Carnot; l'original est la Bibliothèque nationale.

212. Le Tsar aux Invalides.

213. Les Souverains Russes au Palais de Justice, de Ladrey-Disderi.

214. L'Arrivée au Palais de Justice, de Ladrey-Disderi.

215. Illumination des boulevards le 6 octobre 1896, de Ladrey-Disderi.

216. Photographie du Tsar Nicolas II.

LINOGRAPHIES

—o—

217. Le Deuil de la Paix, par Pierre Petit et fils.

218. Le Triomphe de la Paix, par Pierre Petit et fils.

219. Le Couple Impérial, par Pierre Petit et fils.

220. La Statue de Strasbourg le 6 octobre 1896.

221. Le Président Carnot, par Pierre Petit et fils.

222.   —   Casimir Périer, par Pierre Petit et fils.

223.   —   Félix Faure, par Pierre Petit et fils.

224. L'arrivée à Cherbourg des Souverains Russes.

225. Le Cortège Impérial dans le parc de Saint-Cloud, clichés de Bourgeois, photographe à Boulogne.

OBJETS DIVERS POUR FUMEURS

—o—

226. Blague à tabac en métal blanc, le Tzar.

227. —   la Tzarine.

228. —   armoiries russes et françaises.

229. —   en métal nickelée.

230. —   France-Russie.

231. —   en celluloïd, monument russe.

232. —   matelot russe et français.

233. —   casquette marine avec soldats.

234. Porte-cigarette doré, confraternité d'armes.

235. —   métal nickelé, France-Russie.

236. —   —   avec scènes russes.

237. Boîte à allumettes, aigle russe.

238. —   forme flacon   —

239. Cendrier, métal ondulé avec applique.

240. Pipe en bois : Le Tzar Nicolas II.

241 à **242.** Pipe en terre : Alexandre III.

243. —   Nicolas II.

244. —   Marseillaise avec drapeaux.

245. Cendrier rond en métal. Décors russes.

246. —   —   Cronstadt 1891.

247. —   —   Confraternité d'armes.

248. Fume-cigarette tricolore.

249. —   avec Tzar.

250. Papier à cigarette : le Tzar.

251. —   l'Escadre française à Cronstadt.

252. —   Le Franco-Russe.

253. —   Cronstadt-Toulon.

254. —   National.

255. Cigarettes franco-russes avec les deux Chefs d'État.

256. Blague à tabac métal, avec aigle impériale.

BIJOUTERIE PARISIENNE

—o—

257. Broche Franco-Russe. Ce bijou remarquable est formé d'une partie d'un aigle couronné et de l'autre du coq gaulois ; l'ensemble de la tête simule l'aigle russe à deux têtes. Au milieu, les deux écus de France et de Russie accolés sur fond émaillé. Les pattes de l'aigle tiennent une banderolle sur laquelle est inscrit « Cronstadt, 1891 » en russe et « Toulon, 1893 » en français.

     Ce bijou artistique a été fabriqué par M. Auger, joaillier à Paris.

258. Broche émaillée, aigle russe.

259.   —   M. Félix Faure.

260.   —   les deux Chefs d'État.

261.   —   le Tzar.

262.   —   la Tzarine.

263.   —   le Couple Impérial.

264.   —   Toulon avec drapeaux.

265.   —   Armoiries russes.

266. Médaille dorée : le Président Félix Faure.

267.   —   argentée,   —   —

268 et 269. Épingles de cravate franco-russes.

270. Bague Nicolas II.

271. Chaîne populaire avec aigle russe.

INSIGNES POPULAIRES, PATRIOTIQUES

—o—

272. Branche d'oiseaux aux couleurs russes.

273. Bouton Cronstadt-Toulon.

274.   —   franco-russe.

275. Nœud tricolore avec drapeaux.

276.   —   franco-russe.

277. Épingle de l'Alliance.

278. Médaille de tirage au sort.

279. Médaille à l'effigie des Souverains Russes.

280. — en nickel.

281. — avec ruban tricolore.

282. Épingles, drapeaux français et russes.

283. — avec bonnet phrygien.

284. Bouton-nœud, souvenirs des marins russes.

285. Nœud, rubans des deux nations.

286. Aigrette en filigrane argentée.

MENUS ET CARTES D'INVITATION

—o—

287. Carte d'invitation de l'Ambassade de Russie.

288. — au lunch amical des officiers russes.

289. Plan de la salle du banquet de la Bourse du commerce.

290. Menu : la Famille Impériale de Russie.

291. — le Président à l'Élysée. Dîner intime.

292. — du banquet offert à M. Félix Faure à la Bourse du commerce, 14 octobre 1897.

294. Menu du camp de Châlons, 9 octobre 1896.

295. — du Palais de l'Élysée.

296. — du Palais de Versailles.

297. — du « Pothuau ».

298. — des Souverains Russes à l'ambassade.

299. Carte pour menu, aquarelle : la Russie embrassant la France.

300. Carte pour menu, dessin : la Fraternité.

301. Menu du banquet des Alsaciens-Lorrains, 1897.

302. — — offert aux officiers de l'escadre russe.

302 *bis*. — — l'Alliance des Cœurs.

303. Carte postale coloriée, France et Russie.

304. — Saint-Pétersbourg, 24 août 1897.

JOURNAUX ILLUSTRÉS

305. Le Rire.

306. L'Illustration du 24 août 1896.

307.   —   28 — 1896.

308. Paris moderne illustré.

309. Les Fêtes franco-russes.

~~~

PROGRAMMES ET CARTES POSTALES ILLUSTRÉS
—o—

310 à 360. 50 cartes postales, épisodes des fêtes franco-russes et russo-francs.

361 à 671. 10 feuilles de papier à lettre illustrées.

372 à 373. Deux bandes   —

374. Boîte franco-russe.

375. Programme illustré des fêtes Franco-Russes.

376.   —   Souvenir sur papier japon.

377.   —   officiel des fêtes.

378.   —   du Concert russe, 14 novembre 1897.

379.   —   du Chat Noir, en russe.

380.   —   du Concert russe au Cercle militaire, 23 novembre 1897.

381. Programme du Concert de la musique Préobrajensky.

~~~

VERRERIE ET ASSIETTES
—o—

382. Verre des toasts de Russie.

383.   —   cloche « Alexandre-Nicolas ».

384. Verre portrait du Tzar.
385. — — de la Tzarine.
386. Assiette Alexandre III.
387. — Couple Impérial.
388. — Carnot.
389. — Félix Faure.

⚹

BIBELOTS FRANCO-RUSSES

—o—

390. Porte-aiguilles.
391. Boîte à fromage : Les bons petits Russes.
392. — Le Franco-Russe.
393. Ballon vénitien tricolore.
394. — Aigle russe.
395. Lanterne vénitienne.
396. Glace triptyque, portraits des Souverains Russes.
397. Plateau ondulé.
398. Lanterne de poche.
399. Groupe de l'Alliance : le Tzar et le Président.
400. Pelote ronde.
401. Carnet de poche.
402. Insigne de l'Alliance.
403. Porte-monnaie avec drapeaux.
404. — avec applique médaillon.
405. Éventail patriotique de la *Maison E. Buissot, fabricant à Paris*. Au milieu, dans un médaillon entouré des drapeaux alliés, les portraits de l'Empereur et de l'Impératrice de Russie.
406. Carnet-souvenir des Souverains Russes.
407. Feuille avec drapeaux, pour éventail de la Maison E. Buissot, fabricant à Paris.
408. Assiettes aux écus de France et de Russie.
409. Feuille illustrée : La coiffure *Franco-Russe*.
410. Carnet de poche. Les Souverains Russes.

411. Presse-papier en verre. Souverains Russes.

412. Cadre myosotis.   —

413. Couteau de l'Alliance.

414. Thermomètre franco-russe.

415. Glace révélatrice, le Tzar.

416.   —   la Tzarine.

417. Glace surprise, le Tzar.

418. Buste artistique : le Tzar en costume de général.

419. Médaillon en biscuit : Le Tzar.

420. Mirliton-drapeau.

421. Boîte à sel.

422. Porte-carte avec portraits.

423. Oiseaux avec paillettes argentées.

424. Branche d'oiseaux aux couleurs russes.

425. Parfum : Brise de Néva, de la Maison V. Vaissier, de Roubaix.

426. Savon de l'Alliance franco-russe de V. Vaissier.

427. Boîte illustrée. Savon de l'Alliance Franco-Russe.

428. Tableau : « Le Franco-Russe ».

429. Tableau : « Le Triomphe de la Paix », par Pierre Petit et fils, photographes à Paris.

430. Bouteille, la Karwine avec drapeaux alliés.

431. Buste en stuc. Le Tzar.

432.   —   La Tzarine.

433. Tableau : « La Franco-Russe».

434. Question des Alliances (jouet).

435. Boîte à fromage franco-russe.

436. Affiche : Enfants russes.

437. Rosette de l'Alliance.

438. Portefeuille-souvenir.

439. Image coloriée : France-Russie.

440. Lorgnette en os avec le Tzar.

ANGERS, IMPRIMERIE DE A. BURDIN, RUE GARNIER.

SUPPLÉMENT AU CATALOGUE

Collection Franco-Russe

Offerte par Philippe Deschamps, de Paris.

DOCUMENTS OFFICIELS

*Affiches-proclamations des Maires pour la célébration
de la fête de l'Alliance, 31 août 1897.*

441. Ville de Saintes.
442. — Gournay-en-Bray.
443. — Saint-Cyr-l'École.
444. — Noyon.
445. — Montereau.
446. — Argenteuil.
447. — Roye.
448. — Bondy.
449. — Rive de-Gier.
450. — Fécamp.
451. — Béziers.
452. — Épinal.
453. — Fontenay-sous-Bois.
454. — Château-Gontier.
455. — Pacy-sur-Eure.
456. — Poitiers.

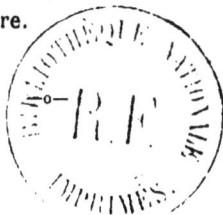

457 à 463. 7 photographies, reproduction des feuillets du Livre d'Or des femmes russes envoyé à Mme Carnot.

464. Volume aux armoiries impériales : La Marche du Sacre, édition de luxe, imprimé par Armand Magnier, de Paris.

465. Brochure : La Revue hebdomadaire.

466. Fascicule : le Voyage en Russie.

467. —   la Fête de l'Alliance.

468. —   le Président à l'Élysée.

469. —   les Fêtes de l'Alliance.

470. Photographie du menu du déjeuner donné au palais de Krassnoïé-Selo.

471. Menu, bordure tricolore, du déjeuner offert à l'amiral Avellan, 21 octobre 1893.

472. —   aux officiers de l'escadre russe, 19 octobre 1893.

473. —   du banquet de l'escadre russe, à Lyon, 25 octobre 1893.

474. —   du banquet de l'escadre russe, à Toulon, 15 octobre 1893.

475. Feuille jaune, aigle russe. Dépêches des deux Chefs d'État.

476. —   et bordure tricolore.

477. Affiche « Russ ».

478. Journal illustré « La Silhouette ».

479. —   « Le Soleil ».

480. —   « L'Image pour rire ».

481. —   « Le Courrier français ».

482. Image. Les deux Colonels.

483. —   numéros de conscrits, l'apothéose de l'Alliance.

484. —   l'Alsace-Lorraine, de Pellerin et Cie, d'Épinal.

485. Programme de la Musique russe.

486. Hommage à Boïeldieu.

487. Photographie, M. Friedmann, chef de la Musique russe et M. Parès, chef de la Musique française.

488. Portefeuille franco-russe.

489. Fleur de l'Alliance.

490. — des Alliés.

491. Broche Nicolas II.

492 à 494. 3 broches : Couple Impérial.

495 à 496. 2 boutons, drapeaux alliés.

497. Portrait écrit du Tzar Nicolas II, 61,800 lettres.

498. — le Tzar et le Président. 121,400 lettres.

499. — le Président Sadi-Carnot, 62,000 lettres.

500. — — Casimir-Périer, 64,200 lettres.

501. — — Félix Faure, 58,600 lettres.

502. Affiche, proclamation de l'Alliance, du maire d'Albi.

503. Poésie dédiée à M. Félix Faure, par l'abbé Olga-Néva Mottet.

504 à 506. 3 porte-plume : Alexandre et Carnot.

507. Épreuve héliotypique, médailles et plaquettes commémoratives de la maison Buirette et Cie de Paris.

508. Musique : Marche du régiment Preobroajensky.

509. Princesse Olga, mazurka.

510. Tableau : La Franco-Russe.

511. Boîte illustrée : Savon des Souverains.

512. Savon des Souverains.

513. Blague à tabac : Paix-Concorde.

514. Porte-monnaie : La France recevant le Tzar.

515. — cuir bleu, la France recevant le Tzar.

516. Proclamation du maire de Brèteuil.

517. Image dorée. Numéro pour tirage au sort, classe 1898. Le Baiser de l'Alliance, imagerie Pellerin et Cie d'Epinal.

518. Photographie : Le Tzar Nicolas II.

519. Programme du Concert russe.

520. Menu de l'Ambassade de Russie.

521. — du Palais de l'Élysée.

522. — de Versailles, 8 octobre 1896.

523. Livre. France et Français. A. Colin et Cie, éditeurs.

524. Chromo : Cortège Impérial Russe.

525. Numéro pour conscrit, classe 1898, drapeaux alliés.

526. Tapis : Portrait du Tzar.

527. Jeu : La Duplice contre la Triplice.

528 à 530. 2 photographies : Les Marins russes à Toulon.

531. Catalogue de la Collection des souvenirs franco-russes, offerte au Musée historique de Moscou, par Philippe Deschamps.

532. Album : Le Panorama des cinq journées russes, par L. Baschet.

533. Poésie : A l'amiral Avellan et aux officiers de la Marine Russe, par M. Alexandre Taurines.

216

www.ingramcontent.com/pod-product-compliance
Lightning Source LLC
Chambersburg PA
CBHW072024290326

41934CB00011BA/2873